USAGE

DE

L'ARTILLERIE

EN CAMPAGNE

PARIS

LIBRAIRIE MILITAIRE, MARITIME ET POLYTECHNIQUE

J. CORRÉARD, éditeur,

3, BOULEVARD SAINT-ANDRÉ, 3.

Maison de la Fontaine Saint-Michel.

1865

USAGE DE L'ARTILLERIE

EN CAMPAGNE.

USAGE

DE

L'ARTILLERIE

EN CAMPAGNE

PARIS

LIBRAIRIE MILITAIRE, MARITIME ET POLYTECHNIQUE

J. CORRÉARD, éditeur,

3, BOULEVARD SAINT-ANDRÉ, 3

Maison de la fontaine Saint-Michel,

1865

USAGE DE L'ARTILLERIE

Le placement des batteries, quand une action est sur le point de s'engager, doit être complètement en harmonie avec les projets du commandant en chef. C'est en vue de l'ensemble que l'artillerie doit mettre à profit le plus possible la nature du terrain, et en même temps, se garder d'être un embarras pour les mouvements de l'armée. C'est pour cette raison que le commandant en chef doit nécessairement donner connaissance au commandant de l'artillerie du plan général de la bataille.

· Les plus forts calibres servent à renforcer les points les plus faibles ou les plus importants, aussi bien que les angles rentrants formés par les irrégularités de la ligne de bataille. Les calibres plus légers défendent les points d'une importance ordinaire et les angles saillants du terrain. Les batteries de réserve sont placées de telle sorte, qu'elles ne soient pas exposées au feu de l'ennemi, à moins d'être appelées à prendre part à l'action et qu'on puisse les lancer facilement sur les points où l'on pourrait en avoir besoin.

L'artillerie de ligne commence ordinairement l'action ; mais le feu général qu'elle ouvre sur la ligne de l'ennemi n'est qu'une démonstration dont l'objet est de cacher aussi longtemps que possible le point réel de l'attaque. Un nuage de tirailleurs et de pièces légères précède la ligne de bataille ou les colonnes de bataillons qui se dirigent sur le point où l'on s'attend à voir décider l'issue du combat. Le grand art consiste à occuper l'ennemi dans toutes les directions et en employant le moindre nombre possible de troupes, et à le tenir jusqu'au dernier moment dans l'ignorance du point d'attaque réel. C'est seulement quand on a réussi dans une certaine mesure à ébranler tout le front de l'ennemi, qu'on doit faire usage des réserves. Pour pouvoir plus tard décider de la victoire plus vite et avec plus de sûreté, c'est un très-bon plan que de concentrer un grand nombre de pièces sur un point principal. *Napoléon* se servait souvent de 80 ou 100 pièces à la fois pour cet objet. Néanmoins, pour le cas possible où la grande attaque viendrait à manquer, et afin de ménager une protection efficace quand on est obligé de faire retirer les masses de troupes rassemblées, il faut avoir beaucoup d'artillerie à cheval ; car seule, elle est en état par les mouvements rapides sur le champ de bataille d'arrêter la poursuite de l'ennemi échauffé par un succès. Dans une bataille, quelle qu'elle soit, il faut tenir les réserves en arrière pour les employer au moment décisif.

Une des fonctions de l'artillerie consiste à préparer la voie pour toutes les attaques à la bayonnette et celles de la cavalerie ; c'est pour cela qu'avant une charge, une partie de l'artillerie attire sur elle-même le feu des pièces de l'ennemi, tandis que l'autre partie fait tout ce qu'elle peut pour endommager les carrés, les colonnes ou les lignes qu'on veut attaquer.

Dans toutes les batailles, les villages (1) sont des

---

(1) On sait que dans l'Europe continentale on trouve des villages ou des hameaux à quelques milles de distance les uns des autres. C'est particulièrement le cas de l'Allemagne, où ils servent de demeure aux cultivateurs et aux ouvriers de la campagne, qui souvent parcourent de grandes distances pour aller à leur travail. Les villages sont en

points d'une importance spéciale. Il se présente deux cas : ou l'on veut défendre un village que l'on occupe, ou l'on veut prendre un village occupé par l'ennemi.

Première remarque. — L'artillerie ne devrait jamais être placée dans l'intérieur d'un village, excepté quand on se propose de le défendre jusqu'à la dernière extrémité, et alors il faut fortifier le village, ou bien prendre quelques mesures particulières pour le mettre en état de défense. Dans les autres cas, l'artillerie, ne pouvant se mouvoir que lentement soit qu'elle avance ou qu'elle recule, serait un grand embarras pour l'infanterie ; et si le feu prenait dans les maisons elle aurait peu de chances de pouvoir s'échapper. Dans les cas ordinaires de défense, les pièces doivent être placées sur les deux flancs du village de manière à protéger son entrée par un feu croisé; et alors, quand bien même les colonnes qui ont souffert de leur feu viendraient à les serrer de près, elles seront plus en mesure de se retirer

conséquence autant de petites forteresses qu'on a sous la main sur un champ de bataille, et il en résulte que, dans toute espèce d'engagement, leur possession a une grande importance à titre de point d'appui.

en arrière devant une charge d'infanterie à la bayonnette. Il faudrait placer en arrière du village de l'artillerie à cheval, afin de se trouver en mesure contre une attaque de l'ennemi qui viendrait par cette direction. Dans la défense des villages utilisés comme *points d'appui* d'une ligne de bataille, la manœuvre de l'artillerie variera selon qu'ils doivent être défendus avec obstination, qu'ils doivent servir à appuyer la principale attaque contre l'ennemi, ou bien qu'ils ne sont occupés que comme points d'appui temporaires.

Dans tous les cas, il est indispensable d'avoir une connaissance précise de la topographie des lieux; de leurs constructions, haies, fossés, des approches sur l'avant et des lignes de retraite sur l'arrière. Dans le cas d'une défense obstinée, il faut occuper à l'avance les plus fortes positions de flanc, telles qu'on ait un feu concentré sur les routes qui conduisent au village; toutes les approches doivent être barricadées et des corps d'infanterie tenus sous la main, afin que si un point est perdu on soit sûr que la position voisine sera conservée jusqu'à ce que, par la rapide arrivée des réserves, on puisse essayer de regagner le premier point. Dans le second cas, celui où un village doit appuyer l'attaque principale, les communications sur l'avant du village doivent être dégagées de manière que l'artillerie du village n'encombre pas les routes qui sont destinées aux colonnes d'attaque. En même temps elle doit prendre les positions les plus avantageuses pour protéger par un feu croisé la marche en avant. Dans le troisième cas, celui où un village n'est occupé que comme point d'appui temporaire, toutes ses voies de communication doivent être bien assurées, de manière que l'artillerie ne puisse être coupée du principal corps par une attaque soudaine et rapide de la part de l'ennemi.

Deuxième remarque. — Dans la prise des villages il peut se faire que l'artillerie soit employée à y mettre le feu, ce qui s'obtient au moyen des obus. Cependant, cela ne se fait que quand il y a un intérêt majeur à en déloger l'ennemi à tout prix. Si un village se trouvait placé sur la ligne par laquelle il faut passer pour avancer, il y aurait intérêt pour l'ennemi à y mettre le feu. Alors il faut se proposer de le déloger en se servant de boulets massifs, et les pièces de gros calibre seront les meilleures. Dans cette dernière intention, on devra chercher les positions d'où on puisse obtenir un feu à ricochet de nature à détruire les batteries avec lesquelles l'ennemi voudrait tenir en échec les colonnes d'attaque. Pour prendre un village ce n'est pas assez que de l'attaquer de front, il faudrait encore l'attaquer de flanc et même par derrière : c'est dans ce but qu'on emploie l'artillerie à cheval.

Une bataille est gagnée ou perdue ; son issue peut encore être douteuse.

Dans le premier cas, celui d'une bataille gagnée, on doit avoir sous la main tous les moyens de profiter de la victoire et poursuivre l'ennemi d'aussi près que possible sur toutes les routes. Aussitôt que l'ennemi a remis de l'ordre dans ses rangs, et qu'il peut encore offrir une résistance compacte, on doit le poursuivre avec une artillerie composée principalement de pièces de gros calibre afin de jeter l'épouvante dans ses troupes ; mais quand la confusion et l'alarme se sont emparées de lui, c'est alors que l'artillerie à cheval et la cavelerie peuvent agir dans toute leur intensité. La grosse artillerie cependant doit suivre de près. afin que si l'ennemi trouvait une position où il pût remettre l'ordre dans ses rangs, on ne lui laisse aucun répit pour le mettre à profit. Dans une poursuite, on peut avoir quelquefois besoin que des pièces légères détruisent des abris, quand on n'a pas d'artillerie plus forte, ou bien de faire monter les canonniers sur les caissons de l'artillerie à pied, afin de la faire aller plus vite quand l'artillerie à cheval fait défaut.

Dans le second cas, celui d'une bataille perdue, il s'agit avant tout d'assurer sa retraite et d'utiliser tous les moyens pour prendre une nouvelle position à quelque distance de la première. A cette fin, il faut établir aussi vite que possible des batteries de gros calibre dans une position choisie à l'avance, de manière que l'armée puisse se rallier à leur abri et former une nouvelle ligne de bataille. Les autres batteries restent avec leurs commandements et l'artillerie de réserve protége l'arrière-garde. Une poursuite furieuse de la part de l'ennemi dans un pays ouvert doit rencontrer pour obstacle la cavalerie et l'artillerie à cheval; dans un pays inégal ou boisé, la poursuite sera naturellement plus lente, et les inégalités du terrain permettront à l'artillerie un feu prolongé.

Dans le troisième cas, celui d'une issue douteuse, il faut gagner à nouveau la bataille, ou bien l'un des combattants se retire en profitant de l'ombre de la nuit : dans l'un comme dans l'autre cas on a donné ci-dessus la manière de se servir de l'artillerie.

On a déjà dit que l'artillerie à cheval vaut mieux pour le service de l'arrière-garde que l'artillerie à pied. Ordinairement le principal corps de l'arrière-garde opère sa retraite le long de la principale route, une section d'artillerie postée en travers de la route, tandis qu'on met une ou plusieurs sections à droite et à gauche. La moitié des pièces tirent des boulets pleins, tandis que l'autre moitié charge à mitraille et est toujours prête à repousser l'ennemi quand il s'approche trop près. La section de la route tire la première et les sections latérales n'ouvrent leur feu que quand la première est attelée jusqu'à ce qu'elle ait pris un nouvelle position, etc.

Quand il se présente un défilé (1) à franchir sur la ligne de retraite, la section de l'arrière en protége l'entrée et tâche de se maintenir jusqu'à la dernière extrémité, dût-elle avoir tiré son dernier coup de

______

(1) On appelle défilé tout rétrécissement de la route qui oblige une ligne ou une colonne à diminuer son front.

mitraille ; l'infanterie formée en masse doit protéger la retraite à la bayonnette. Si, en dépit de tout,
l'ennemi gagne le défilé, l'infanterie se retire à
droite et à gauche, de manière à démasquer le feu
de l'artillerie qui a pris une nouvelle position en
arrière. Les hommes de l'arrière-garde devront
être convaincus que leur devoir est de se dévouer
pour conserver le reste de l'armée.

La principale fonction de l'avant-garde, quand il
se prépare une bataille, consiste à occuper l'ennemi assez longtemps pour que le principal corps
ait le temps de préparer sa ligne de bataille ; c'est
pour cette raison que chaque garde avancée doit
avoir des détachements sur son front et sur ses
flancs; le principal corps de l'armée est fait pour le
combat ; et derrière lui il y a d'autres corps de
troupes qui gardent leur liaison avec l'armée principale. L'artillerie qui accompagne l'avant-garde
devrait être divisée en deux parties. La première
partie, composée principalement de l'artillerie à
cheval, marche en tête du corps principal de
l'avant-garde, c'est-à-dire en arrière des détachements avancés. La seconde partie, composée d'artillerie à pied, se tient sur l'arrière du principal
corps de l'avant-garde. Aussitôt qu'on rencontre

l'ennemi, l'artillerie à cheval prend position au galop et ouvre son feu avec toute la rapidité possible. Aussitôt que l'artillerie à pied arrive, ses pièces se mettent en bataille dans les positions occupées par l'artillerie à cheval qui cesse son feu et agit par la suite comme réserve de l'artillerie à pied. A mesure que la bataille se prolonge, l'usage de l'artillerie doit être adapté à ses diverses variations.

On peut détacher une partie de l'armée et la commander pour une entreprise spéciale. Dans cette circonstance, elle peut être dirigée sur une position très en avant du corps principal, en vue de se tenir à une distance considérable de l'ennemi ou de l'entraîner dans quelque mouvement désavantageux en l'inquiétant et en le fatiguant. De pareils corps de troupes sont continuellement exposés à être engagés d'une manière indépendante dans des actions qu'ils provoquent ou qu'ils acceptent. C'est ce qu'on appelle des *affaires de postes*. L'artillerie qui accompagne ces corps doit prendre avec elle aussi peu de voitures que possible ; et doit les répartir entre les diverses divisions pendant la durée d'un engagement. Ces divisions, quand elles savent mettre à profit les variations d'un terrain accidenté, et variant à propos leurs positions, impressionneront l'ennemi (qui 'par ce moyen se trouve attaqué de tous côtés), par l'idée qu'il a affaire à un grand nombre de batteries ; à cause de cela, il ne faut pas que l'artillerie engage de canonnade prolongée, parce que l'ennemi pourrait en profiter pour masquer ses mouvements. Dans ces batailles d'escarmouche, l'artillerie doit se conformer aux mouvements des autres troupes, encore plus que dans toute autre occasion ; autrement, elle pourrait être facilement coupée, et en définitif elle devrait choisir pour la circonstance et préférer les positions dans lesquelles les petits corps peuvent combattre avec le plus grand avantage.

La prise et la défense de positions fortifiées a toujours un rapport direct avec les localités, en raison de la nature et de la qualité des ouvrages à défendre. Quant à ce qui concerne la défense, on peut dire seulement qu'en général, l'artillerie devrait couvrir par un feu croisé aussi loin que possible tous les points par lesquels on peut accéder. Les points les plus faibles aussi bien que ceux par lesquels on peut attendre l'attaque avec confiance, de même que les portes, les issues, etc., devraient être défendus avec soin avec les canons les plus lourds. Les pièces légères, au contraire, sont destinées à la réserve. Ces dernières peuvent avoir le plus grand effet par leur feu croisé sur l'ennemi qui s'avance, quand on les met en action tantôt sur un point, tantôt sur un autre. Quand on a de l'artillerie à cheval, son rôle est d'accompagner toutes les sorties et aussi d'aider la poursuite, quand l'ennemi est repoussé.

Quant à ce qui concerne la prise des positions fortifiées, la tâche de l'artillerie consiste à faire brèche dans les murs, les parapets, les palissades, etc., et, s'il y a quelque chose de combustible dans l'intérieur, à y mettre le feu au moyen d'obus ou de fusées; si les positions étaient fortes, naturellement, ou par l'importance de leurs fortifications, il faudrait construire des tranchées pour établir les batteries de brèche.

Quand l'ennemi est sur le côté opposé d'une rivière et en défend le passage, l'artillerie doit faciliter les préparatifs pour la traverser. Quand on veut jeter un pont sur un fleuve on choisit un coude présentant sa convexité vers l'ennemi. Des batteries de flanc le tiennent éloigné et en même temps peuvent jouer avec avantage contre ses batteries (1). Quand les troupes ont traversé le pont, elles peuvent se former en ligne sur la concavité opposée, attendu que leurs flancs sont protégés par l'eau et par leurs propres batteries. En choisissant un point de passage, il faut avoir attention à se réserver une éminence qui commande la rive opposée; cependant il ne faut pas qu'elle soit trop considérable, car alors la descente dans l'eau serait trop difficile et le boulet labourerait trop le sol. Du côté opposé de la rivière il ne faut pas qu'il y ait de hameau, de haie ou de fossé près du banc, car les tirailleurs qui s'y placeraient pourraient incommoder les pontonniers ; il ne doit pas non plus y avoir de cours d'eau, car les troupes ne pourraient pas avoir d'espace pour se déployer après avoir traversé la rivière. Il faut remplir tous les fossés que l'on découvre de manière à faire un passage pour l'artillerie. On jette de préférence les ponts dans les endroits où une rivière est le plus étroite, le moins rapide, et où l'on trouve des îlots, attendu qu'il est plus facile de construire deux petits ponts qu'un seul grand.

Comme l'artillerie n'est efficace que contre les

(1) Le grand principe, c'est que celui qui est maître du côté convexe peut balayer le côté concave.

colonnes et les canons de l'ennemi, elle ne peut garantir contre les coups des tirailleurs isolés. Pour se garer contre ce danger quelques compagnies d'infanterie avec une couple de canons passent ensemble à la nage de l'autre côté. Les canonniers démontent les pièces et mettent les canons eux-mêmes dans des petits bateaux, qu'ils tirent après eux avec des cordes, et arrivés sur le côté opposé, ils remontent les pièces ; les chevaux traversent aussi à la nage. C'est une opération qui doit se faire en moins d'une heure et demie, si la rivière a une largeur moyenne. Mais si elle avait plus d'une portée de canon, 800 yards de large, il faudrait monter les batteries flottantes sur des radeaux.

Quand on veut empêcher le passage d'une rivière, l'artillerie doit faire feu sur les colonnes de l'ennemi dès qu'elles se rassemblent au point de passage. Si elles sont occupées à passer, il faut chercher à enfiler le pont avec des boulets pleins et le battre d'écharpe avec de la mitraille. Il faut aussi s'efforcer d'empêcher le déploiement des colonnes qui auraient réussi à passer.

Règle générale, l'artillerie ne peut se défendre elle-même que quand les pièces sont dételées, et

alors elle ne peut tirer que sur l'avant. Afin de se
défendre sur l'arrière ou sur les flancs, il faudrait
mettre les pièces en mouvement, et dans ce but,
les atteler immédiatement. Pendant le mouvement,
et tant que les pièces sont attelées, l'artillerie est
sans défense et a besoin de l'aide de troupes qui
soient prêtes à la défendre à tout instant. Le nombre des canonniers est insuffisant pour cet objet,
et il faut avoir d'autres troupes de *support*. L'artillerie ne devrait jamais opérer en campagne sans
cet auxiliaire. Les supports de l'artillerie à pied
devraient être de l'infanterie, et ceux de l'artillerie
à cheval, de la cavalerie. Les troupes de ces deux
armes sont généralement convaincues que ce service auxiliaire est extrêmement dangereux. Quel
que puisse être le danger, il sera diminué si les
troupes de support sont placées judicieusement eu
égard au terrain, et il arrive rarement qu'il soit de
telle nature qu'on ait besoin d'exposer complètement les supports au feu de l'ennemi. L'infanterie
peut profiter des plus légères ondulations du sol,
et la cavalerie peut toujours se tenir un peu à l'é-
cart. Il faudrait spécifier que pour les batteries
placées à l'extrémité des flancs, les supports devraient être placés en dehors; il serait bon en con-

séquence de les pourvoir de bêches, afin qu'ils puissent élever des parapets, en cas de nécessité.

(Army-and Navy journal.)

LE VICE-AMIRAL FARRAGUT.

Il est passé en proverbe qu'il n'y a pas de héros pour ses familiers. C'est une règle toutefois, qui a des exceptions surprenantes. Le vice-amiral Farragut en fournit un exemple. Pour avoir l'idée d'une réalisation du portrait de Wellington tracé par Tennysen, il faut le connaître dans sa vie privée. L'éloge du poète n'était qu'un caprice d'imagination, mais pour Farragut c'est la vérité.

O Angleterre, rends grâce à celui qui t'a donné un pareil fils!

*
* *

Il fut le premier capitaine de son temps.
Riche de sens commun, sublime de simplicité,
Comme il n'y a que les grands hommes.

*
* *

O voix dont tous les hommes attendaient l'augure,
O barre de fer, vraie dans les occasions vraies.
O tour solide
Qui te tenait carrée sur ta base par le grand souffle des vents!

Celui qui pourrait avoir une entrevue d'une heure avec notre vice-amiral comprendrait pourquoi il a toujours été heureux. Il a pour principe la responsabilité du commandement un et indivisible, et exécute avec vigueur ce qu'il a préparé avec maturité. C'est une des particularités de son esprit de savoir extraire ce qui est réellement utile de la masse des conseils qui lui sont offerts, estimant qu'un commandant en chef doit toujours s'environner des meilleurs talents qui existent dans son commandement.

C'est ainsi que Farragut écoute les suggestions de nombre d'hommes, pourvus chacun de dons particuliers, pour digérer le tout en lui-même, et choisir l'opinion qui lui paraît la plus sage. Pour juger l'homme, il suffira de citer deux déterminations prises par Farragut. Quand la chaîne établie entre le fort Jackson et le fort Philippe (sur le Mississipi) eût été coupée et que les bateaux qui la soutenaient, tombés en dérive, ne pouvaient pas éviter, par suite de l'ancre sur laquelle ils étaient mouillés et qui les empêchait d'éviter, il y avait au centre une fissure, un passage comme l'ouverture d'un pont-tournant. Les rebelles placés en amont avaient allumé de grands feux sur les deux rives du fleuve.

afin que quand Farragut essayerait de passer pendant la nuit, tous ses mouvements fussent aperçus des batteries des forts qui pourraient concentrer sur lui tous leurs feux.

Quelques-uns des officiers de l'amiral lui suggérèrent qu'il n'y aurait rien de plus facile que de débarquer quelques équipages de bateaux pour éteindre les feux. «Non! non! dit le commandant, c'est à la lueur de ces phares que je veux faire vapeur pour franchir le passage de la chaîne! Lançons dessus quelques obus et des boulets. Nous avons besoin des rebelles pour les tenir allumés, il faut les exciter à faire tous leurs efforts pour les entretenir clairs et brillants. » Le résultat prouva combien la décision soudaine de l'amiral avait été sage. Les feux de l'ennemi éclairèrent cette nuit de triomphe, et c'est avec cette illumination que Farragut dirigea sa course victorieuse sur la Nouvelle-Orléans, avec la gloire d'avoir gagné par son habileté et son courage le titre de plus grand homme de mer du monde.

Une autre fois, devant Mobile, il décida qu'il entrerait avec le flot, parce qu'en cas qu'un de ses navires fût atteint par les boulets, et en partie désemparé, il ne devait pas arrêter pour cela et continuerait à entrer avec les combattants, sans tomber en dérive sur l'arrière. Dans les victoires de la Nouvelle-Orléans, Port-Hudson, Wicksburg, les plus grandes difficultés qu'il ait rencontrées consistaient dans la rapidité et la force contraire du courant du Mississipi. Si un bâtiment était frappé il tombait en dérive sur l'arrière des feux ou bien en dehors du rayon des opérations. Il comprit que cela ne devait jamais arriver à Mobile et le résultat a montré combien il avait bien jugé. Tous les navires firent route dans la baie avec le flot ; et l'*Onéida* qui était le dernier prouva que son poste à l'arrière-garde était le plus dangereux, attendu que les forts qui s'étaient tus sous le feu soutenu de toute la ligne recommencèrent leur feu sur le bâtiment qui était en arrière, aussitôt que le poids et la fréquence des bordées de ses chefs de file se furent ralentis. En prenant la position de chef de file, Farragut prouva la vérité de l'aphorisme militaire que l'audace et la présence d'esprit sont des cuirasses et des armes à toute épreuve. C'est de là qu'est venue l'expression « *forti non deficit telum.* » Le fait que ceux qui se mettent en avant et que les plus braves sont souvent vainqueurs et survivent à leur victoire, explique la fable d'Achille qui n'était vulnérable qu'au talon. Cependant notre vice-amiral avait un bouclier encore plus solide. — La Foi. Sa confiance dans le Dieu des batailles et des nations est un beau trait du caractère de notre grand héros naval.

Le fait que l'amiral a monté dans le gréement et a été attaché dans la mâture pourrait peut-être faire le sujet d'une fâcheuse interprétation. Comme d'autres faits de même nature, il est une preuve de son jugement exquis. N'ayant pas peur de se mettre en évidence, il se mit d'abord sur la lisse, afin de voir sans être gêné par la fumée. Comme la fumée s'élevait et devenait plus épaisse, au point de l'empêcher de voir les mouvements de l'ennemi, il monta de plus en plus haut dans le gréement, jusqu'à venir se mettre le long d'une des gambes de revers, immédiatement sous la hune. Tandis qu'il était ainsi un point de mire, placé en l'air, le capitaine *Percival Drayton,* qui commandait le *Hartford*, craignant que si l'amiral venait à être atteint et perdu, ou s'il ne pouvait plus se tenir, il vînt à se tuer en tombant d'une pareille hauteur, fit monter un quartier-maître pour prier Farragut de lui permettre de l'amarrer. Le capitaine *Drayton* avait d'excellentes raisons pour être inquiet au sujet de son commandant, car après le combat, on enleva de la plate-forme de la hune un gros morceau d'obus, qui s'était implanté juste au-dessus de l'endroit où l'amiral s'était placé en observation. La position de Farragut était des plus risquées pour un observateur, car le mât était secoué à tout instant par le choc du recul violent de l'obusier qu'il avait ordonné de mettre dans la hune pour tirer sur l'ennemi. C'était l'amiral qui avait eu l'idée de mettre de l'artillerie dans les hunes, et leurs canons rendirent un très-bon service par l'occasion qui leur fut offerte de pointer directement et de tirer sans interruption sur les obstacles qui étaient dans l'intérieur des forts.

> « Ton pays t'aime bien, homme fameux,
> Le plus grand marin depuis l'origine du monde! »

(*Army and Navy journal*).

LA BATAILLE DE LA BAIE DE MOBILE.

A l'Éditeur de l'Army and Navry journal :

Monsieur,

J'ai lu avec peine la communication adressée à votre journal et publiée dans le numéro du 19 novembre 1864, sous le titre captieux de « Bataille de la baie de Mobile. »

Votre correspondant qui se prévaut des motifs qui l'ont porté à se faire non-seulement son propre avocat, mais celui des autres pour réclamer une part plus considérable dans le rapport de l'amiral, paraît avoir oublié complètement le danger du terrain sur lequel il s'aventure en avançant, parmi la liste des personnes qu'il prétend avoir été négligées, les noms de quelques individus qui ne l'ont pas autorisé à les mettre en avant et ne le remercient pas de son intervention gratuite, quoique peut être bien intentionné.

Il est possible qu'avec les meilleures intentions, votre correspondant soit extrêmement malheureux. Son aperçu ou sa revue du rapport de l'amiral Farragut, au lieu d'être une critique des faits omis dans le rapport détaillé de cette grande victoire, est malheureusement pour l'écrivain et pour la bonne entente du service qui est sans doute son désir comme celui de toutes les honnêtes gens, une attaque très-insidieuse et tout-à-fait injustifiable, contre un officier héroïque, vaillant et très-aimé, et qui ne justifie nullement les critiques ou l'attaque des faits qu'on lui reproche d'avoir ignorés, en apparence dn moins.

Il serait peu charitable de la part de quelques-uns de ceux qui ont participé à l'affaire du 5 août 1864, dans la baie de Mobile, de répondre aux assertions de votre correspondant que peut-être par manque d'informations exactes, il n'a pas vu les choses comme d'autres les ont vues, ou qu'il se serait laissé aller au projet non-seulement de suprimer la vérité, mais d'insinuer le mensonge : (*Suppressio veri, suggestio falsi*).

L'amiral Farragut n'a pas besoin de défenseurs, sa vie tout entière est pleine d'actes de bonté, dus à un caractère foncièrement aimable dans l'accomplissement de tous ses devoirs officiels et de ses devoirs de société ; et puisque le gouvernement a eu la sagesse de le choisir parmi la longue liste des capitaines pour rendre la grande vallée du Mississipi aux mains de ses maîtres légitimes et à la liberté, il a conquis une renommée immortelle pour lui et pour son pays par ses faits historiques et ses succès maritimes sans pareils — une renommée qui sera l'honneur des annales de notre pays aussi longtemps que notre nation sera citée dans l'histoire.

Quoique j'aie dit, comme je le crois, que l'amiral Farragut n'a pas besoin de défenseurs, cependant, ceux qui ont obtenu l'honneur de sa confidence, et qui ont humblement participé à quelques-unes de ses glorieuses victoires, qui savent par les longues relations qu'ils ont eues avec lui qu'il est incapable de faire à qui que ce soit une injustice avec intention, renieraient chaque trait de sa sensibilité vraie, s'ils gardaient le silence et le laissaient attaquer injustement par qui que ce soit.

On n'a pas encore écrit l'histoire de la baie de Mobile, dans la journée du 5 août 1864. Quand le moment en sera venu, l'historien ne se bornera pas, en cas qu'il se borne-là, à constater simplement que dans la matinée de ce jour mémorable l'amiral Farragut a empêché la flotte sous son commandement d'être totalement détruite et anéantie, en s'exposant lui-même, avec les braves de son navire en feu et des autres navires qui l'accompagnaient, pour sauver tous les autres ; car ayant passé sain et sauf au milieu de la triple ligne de torpilles que l'ennemi avait coulées pour le détruire, quand les bâtiments de sa flotte qui avaient été retardés furent rangés autour de lui, prêt à faire tous les sacrifices pour son pays, son pavillon et sa cause, il se lança avec ses navires au plus fort d'un combat inégal et y demeura jusqu'à ce que les rebelles eussent amené le drapeau de la révolte. Après avoir appelé à son aide tous les faits, l'historien pourrait terminer avec raison son tableau rapide en citant les notes de *Martial* (quoique dans un autre temps), par reconnaissance pour ces dignes coopérateurs qui paraissaient avoir eu des rêves brillants de capitaines songeant à des brevets de commodores et, qui sait? peut-être d'amiraux.

> « Sunt bona, sunt quœdam mediocra,
> « Sunt mala plura. »

J'ai regretté de voir dans les colonnes de votre journal si populaire et si digne de respect une communication faite non-seulement pour peiner un des plus nobles cœurs que Dieu ait créés, mais pour jeter un brandon de discorde dans un service où l'on ne devrait trouver que des frères.

Encore un mot avant de nous séparer. Ces candidats (ou bien leurs amis officieux indiscrets) à des renommées de gazette ou de notoriété publique auraient dû prendre garde à réveiller sans y penser le lion qui dort. *Valeat quantum.*

Escadre occidentale du golfe, décembre 1864.

(*Army and Navy journal.*)

CHUTE DU FORT MAC ALLISTER ET DE SAVANNAH

Extrait de l'*Augusta Chronicle,* **28** décembre 1864.

Nous venons d'avoir le plaisir de causer avec un de nos amis qui a quitté Savannah dans la nuit de lundi : il nous a assuré qu'on avait reçu à Charleston la nouvelle authentique que Savannah a été heureusement évacué dans la nuit de mardi.

Quand il a quitté la ville lundi, plusieurs centaines de familles n'avaient rien à manger, les provisions était extrêmement rares.

La semaine passée, on avait donné plusieurs assauts sur nos lignes, mais ils avaient été repoussés avec avantage. Nos ouvrages autour de la ville étaient très-forts, et l'on aurait probablement conservé la place sans la chute du fort Mac-Allister.

La garnison habituelle du fort Mac-Allister comptait environ cent vingt-cinq hommes. Cependant, un jour ou deux avant la chute, on envoya environ six cents hommes de troupe en plus pour les aider. Aussi sa chute nous fait perdre sept à huit cents hommes. Le fort était attaqué du côté du Nord par les forces de Shermann. On n'a pas encore reçu les détails du combat, on sait néanmoins, qu'il n'a pas été fait d'attaque du côté du Sud ou de l'eau. On sait aussi que, si la forteresse avait été aussi forte du côté de terre que du côté du fleuve, il n'aurait jamais pu la prendre. Shermann a communiqué avec la flotte après avoir pris le fort et lui a donné un supplément considérable de munitions — chose dont il avait été privé par la providence à Atlanta. Shermann a aussi fait transporter les canons du fort Mac-Allister dans une position d'où il pouvait jeter à volonté des obus sur la ville.

On n'a fait aucune demande pour la reddition de la ville jusqu'à samedi. Pendant cette journée Shermann a demandé que la ville se rende sans condition. Le général Beauregard lui

a répondu « qu'il savait le chemin de la ville et qu'il pouvait la prendre s'il en avait la force. »
Le général Beauregard a quitté la ville samedi.

Les habitants de Savannah n'ont pas attendu la prise de la ville. Ils n'étaient nullement préparés à un pareil résultat. Mais très-peu ont réussi à s'échapper. Ceux qui l'ont fait ont été obligés de laisser derrière eux la plupart de leurs effets. Le plus grand ordre avait été maintenu pendant la durée du siége. Tout le whiskey était sous clef, toutes les distilleries avaient été saisies par l'autorité. Les quatre compagnies locales étaient affectées à la police et ont maintenu les maraudeurs. Il y a eu un ou deux incendies, mais qui n'ont pas fait grand dommage aux propriétés. Tout le riz des plantations qui se trouvaient dans le voisinage de la ville est tombé aux mains des Yankees. On estime qu'il pouvait y en avoir cinq cent mille boisseaux.

Le gouvernement confédéré a réussi à enlever la plupart de ses approvisionnements. La plus grande perte consiste dans les canons de siége de la place et dans les canonnières. Suivant un on dit, on aurait fait sauter toutes les canonnières pour les empêcher de tomber entre les mains de l'ennemi. Quelques personnes croient néanmoins que la *Londayo* aurait réussi à remonter la rivière.

Le pont de pontons que nos troupes ont traversé était construit au bas d'une des rues de la ville. Pendant le siége on a fait plusieurs tentatives pour détruire nos communications du côté de la Caroline, mais toutes ont été inutiles.

L'évêque Elliot était lundi dans la ville. Notre ami ne sait pas s'il a quitté la place. Il y avait deux petits vapeurs à Savannah quand le siége a commencé. On raconte que les Yankees ont capturé le *Firefly* et que le *Mâcon* a été sabordé. Une grande quantité de wagons du chemin de fer central avaient été expédiés sur le chemin de fer de Savannah et du golfe avant que la ligne ne soit coupée.

Les imprimeries de la ville sont tombées aux mains des Yankees, les éditeurs étaient partis avant la capitulation.

(Army and Navy journal.)

SUITE A LA NOTE DU GÉNÉRAL GILLMORE

SUR LES GROS CANONS EN FER COULÉ.

L'intérêt qu'a rencontré notre extrait du rapport du général Gillmore encore sous presse nous engage à continuer la publication de ses remarques sur les canons en fer coulé des gros calibres.

Un arrangement avantageux et une distribution sûre de la matière dans les gros canons, — particulièrement dans les gros canons rayés — afin de les mettre en état de supporter les efforts successifs et les chocs auxquels ils sont exposés pendant le tir, sont des choses incompatibles avec la condition de composer le canon avec une seule espèce de métal homogène. Les canons forgés avec des fers aussi bons que ceux de Salisbury (Connecticut) sont dans un cas un peu différent, particulièrement si la main-d'œuvre de la pièce est telle que l'on n'ait pas besoin de faire des soudures. La force de tension et la ductilité du métal sont portées toutes deux à leur maximum d'action. Le tir

donne rapidement à l'âme du canon un agrandis-
sement permanent qui n'atteint pas la limite de la
rupture. Le métal environnant se trouve refoulé
avec tension et la pièce est renforcée dans une
certaine mesure. De cette façon, l'âme ne peut
s'élargir au-delà de la puissance que le métal est
en état de supporter. Dans un canon de fer forgé,
l'âme ne s'agrandit que très-peu après les cinquante premiers coups, quand ils ont été tirés avec
les grandes charges. Il serait à propos de faire les
âmes de ces canons un peu plus petites qu'elles ne
doivent être — environ deux dixièmes de pouce —
on les tirerait avec quelques grandes charges, et
on les forerait à nouveau pour l'âme de leur calibre.

Les forces tendant à détruire le canon sur lequel
elles agissent sont dues principalement à l'explosion de la poudre et à l'expansion du canon par
suite de son échauffement.

Dans les canons à âme lisse, la force maximum
de la poudre, ou en d'autres termes, la puissance
maximum vis-à-vis le renfort, était en rapport
avec l'inégalité de ce dernier sur toute sa longueur.

On sait d'après des expériences répétées, que
l'effort de la détente sur le métal d'un canon, à des

points également éloignés de sa bouche, — c'est-à-
dire, compris dans la même section circulaire —
varie en raison inverse des carrés des distances de
ces points à l'axe du canon. Aussi, à cinq pouces
de l'axe, l'effort sur le métal serait à peu près le
double de ce qu'il serait à sept pouces, c'est-à-dire
dans le rapport de quarante-neuf à vingt-cinq.

Si nous supposons qu'un cylindre soit composé
d'un grand nombre de cylindres concentriques
très-minces, dans une condition d'équilibre molé-
culaire initial, alors l'effort sur ces cylindres qui
serait dû à une force de détente agissant sur la surface interne du cylindre intérieur, varierait en raison inverse du carré de leurs diamètres.

Le professeur *Threadwell* démontre cette loi de
décroissance de la manière suivante : —

Si l'on fait un cylindre avec quarante et un cercles concentriques de la même épaisseur, mis l'un
dans l'autre, et ajustés avec une justesse telle que
les particules d'un cercle soient en équilibre avec
celles du cercle voisin et par suite de tous les autres, le diamètre du plus grand étant cinq fois celui
du plus petit, alors la force de chaque cylindre
pour résister à la détente sera représentée par les

nombres suivants, en commençant par le cylindre interne :

1000, 826, 694, 541, 510, 444, 391, 396, 309, 277,
250, 225, 207, 189, 174, 160, 148, 137, 128, 119,
111, 104, 98, 92, 87, 82, 77, 73, 69, 65,
62, 59, 56, 54, 51, 49, 47, 43, 45, 41,
40.

Il y a un autre fait important déduit de calculs mathématiques et que l'expérience a confirmé, dans ce pays aussi bien qu'en Europe, c'est : *qu'aucune augmentation dans l'épaisseur du métal, quelque grande qu'elle soit, ne peut mettre un cylindre homogène en état de supporter une pression venant de l'intérieur sur chaque pouce carré de sa surface. quand elle excède la force de tension d'une barre de même métal par pouce carré.*

C'est pour cela qu'il est inutile d'essayer d'augmenter la force d'un canon, en augmentant son épaisseur au-delà d'un certain point; car. ainsi que le fait remarquer le capitaine Blakely, « dans les canons coulés en fer, en bronze ou en tout autre métal, la partie extérieure n'aide que très-peu à contenir la force d'explosion de la poudre qui tend à faire éclater le canon, puisque l'effort ne lui est pas communiqué par le métal interposé. La conséquence de ce fait est que dans les gros canons, *le dedans se fend quand le dehors ressent à peine l'effort.* La fente s'accroît rapidement et enfin le canon éclate.

En d'autres termes la portion extérieure d'un canon homogène donne lieu à des forces qui lui sont appliquées à la manière de *coins* ou de *leviers*, et non par une transmission de l'effort de la tension.

On voit par là combien les cercles que l'on met aux anciens canons aussi bien qu'aux nouveaux remplissent imparfaitement l'objet qu'on a en vue, en prétendant leur conférer un pouvoir supérieur de résistance; le cercle extérieur ne fait que renforcer le métal dont la force extérieure non-seulement n'a pas été diminuée par l'usage, mais il n'est pas susceptible d'être amené à supporter un effort supérieur à celui pour lequel il a été fait, à moins que l'éclatement ne vienne de l'intérieur, ce à quoi un cercle ne peut, en tout cas, apporter qu'un faible obstacle.

Le seul moyen efficace qui paraît exister pour utiliser la force de l'extérieur, dans le métal d'un canon de fer coulé où il a paru des fissures à l'intérieur, consiste à remplacer une portion de métal intérieur sur toute la longueur de l'âme par un tube, de matière dure et élastique, mis en place sous une légère compression provenant du refroidissement du canon après l'opération.

Tension initiale. — Nous pourrions conclure de ce qui précède, que si un canon est composé de plusieurs cercles ou cylindres concentriques, ceux qui sont placés à l'intérieur étant sous une tension initiale proportionnelle, qui augmente d'après la loi des distances respectives à l'axe de la pièce, en sorte que la somme de la tension initiale et de l'effort transmis sur chaque pouce carré d'un cylindre soit égal à la force de tension d'une barre du métal par pouce carré, on obtiendrait une combinaison satisfaisant aux conditions de la force maximum contre la pression statique ; car une force de détente qui romprait le cylindre interne, romprait aussi tous les autres dans le même moment. Plus le nombre des cylindres est grand, la somme de leurs épaisseurs restant constante, plus la force de leur combinaison serait grande.

Élasticité variable. — Envisageons les choses d'un autre côté. Si les cylindres minces sont faits de métaux ayant divers degrés d'élasticité, allant en diminuant de l'intérieur à l'extérieur, suivant la loi que nous avons établie, de sorte que ceux de l'intérieur puissent, par leur plus grande expansion élastique, transmettre à l'extérieur une force de détente d'une intensité telle que le métal des cylindres atteigne au même moment les limites de son élasticité ; nous aurions alors une combinaison de maximum de force statique, tout le temps que l'effort du métal ne sera pas assez grand pour prendre *un équilibre* constant, c'est-à-dire tant que la limite de l'élasticité ne sera pas atteinte. Quand ce point est atteint, les avantages d'une élasticité variable disparaissent en partie et ils sont remplacés dans une certaine mesure, par les avantages d'une tension variable.

Un canon composé de plusieurs cylindres concentriques, combinés d'après l'un des deux principes d'une tension initiale ou d'une *élasticité variable*, quoiqu'il possède une grande force en théorie et qu'il soit capable en pratique de supporter une grande pression statique (en rapport avec le nombre des cylindres dont la somme constitue son épaisseur), ne possède pas une unité de forme suffisante pour résister aux chocs d'un feu fréquent. Bien qu'il y ait, jusqu'à un certain point, une division de parties, afin que les conditions nécessaires pour résister à la pression statique puissent s'imposer sur une certaine étendue, il doit aussi exister dans le canon une masse et une structure d'une continuité suffisante pour résister à un flot de force instantané et aux autres vibrations qui se produisent dans le tir. Les canons sont rarement construits avec plus de quatre cylindres : généralement, ils n'en ont que deux ou trois.

Le capitaine Blakely a essayé de combiner les avantages distincts d'une *élasticité variable* et *d'une tension initiale*, en se servant de trois tubes. Les deux tubes intérieurs sont en acier qui possède la plus grande élasticité et qui forme l'âme, tandis que le tube extérieur est en fer coulé, sur lequel on coule les tourillons. Les tubes sont contractés ensemble de manière que le tube extérieur n'a qu'une légère tension initiale. La limite de l'élasticité de l'acier du tube interne est augmentée parce qu'on le met en place sous une légère compression. Quand même les tubes d'acier viendraient à s'équilibrer dans un effort permanent, le canon, pourvu qu'il soit construit convenablement, ne s'affaiblirait pas par là, parce que l'effet augmenterait simplement la tension sur l'enveloppe de fer coulé. Le capitaine Pallisser fait usage de ce principe en donnant à ses gros canons une tension appropriée par l'extérieur. Il fait ses tubes internes en métal mou ; le plus ductile renferme l'âme, et alors il tire le canon avec une charge qui étend l'intérieur d'une manière permanente. On finit la pièce en la forant à nouveau, d'après le calibre convenable. De là la nécessité de mettre le cylindre extérieur sous sa tension initiale.

Le major Rodman, du département de l'artillerie dans l'armée des États-Unis, recommande une méthode que l'on applique à présent sur une grande échelle, pour placer le métal des canons de fer coulé dans une condition convenable de tension initiale, en les coulant en creux et en les faisant refroidir par l'intérieur : c'est un procédé inapplicable aux canons d'acier qui doivent subir l'opération du bariolage.

En 1856, le professeur Treadwell proposa une méthode pour construire un canon de gros calibre fait de plusieurs tubes. Le tube interne qui contenait la culasse était en fer coulé, épais d'à peu près la moitié du calibre. Il plaçait sur ce tube des anneaux ou cercles en fer forgé répartis dans une, deux ou trois couches qu'il vissait dessus. Dans ce but, un filet de vis était taraudé à l'extérieur du tube interne en fer coulé, aussi bien qu'à l'intérieur et à l'extérieur des autres tubes, à l'exception de l'extérieur du tube interne. Les cercles ont un diamètre inférieur d'un millième à celui des parties qu'ils enveloppent et sont vissés à chaud pour leur donner une tension convenable.

S'il convient que les tubes d'un canon composé soient assemblés par des vis sur le plan du professeur Treadwell, ou qu'on cherche une méthode plus simple et moins dispendieuse pour leur donner l'unité de forme requise, c'est ce qu'on ne saurait encore décider. On pense, pour des raisons qu'on ne fera pas connaître à présent, que les vis ne sont pas nécessaires, surtout quand les tourillons sont placés sur le tube extérieur comme dans les canons Blakeley et Whitworth.

Effets de l'échauffement. — L'échauffement engendré par la déflagration de la charge, amène ou augmente la compression sur la paroi interne, et la tension sur la paroi externe du canon : par conséquent elle renforce la pièce dans certaines limites indéterminées contre les efforts de détente. L'expansion longitudinale de l'âme apporte un effort d'un autre genre sur l'extérieur du canon. Un canon composé de deux ou plusieurs tubes peut s'y prêter avec moins de danger de s'avarier à l'extérieur que s'il était fait d'une pièce unique ; car le tube intérieur, au lieu de forcer le tube extérieur à s'allonger avec lui et de céder à la rupture, glisse dans son milieu.

La composition des batteries de terre pour la défense des passes, dans l'état actuel de la grande question des navires contre les forteresses, devrait naturellement avoir un rapport tout particulier avec leur défense contre des bâtiments cuirassés. La meilleure proportion à établir entre les âmes rayées et les âmes lisses, le calibre le plus avantageux pour les âmes lisses, qu'on adopte un calibre moyen, un fort calibre ou une combinaison de calibres — autant de questions sur lesquelles il existe une grande diversité d'opinions parmi les militaires et les marins. L'invention d'un gros canon de 12 à 15 pouces, assez fort pour être employé avec efficacité comme canon rayé, et rayé de telle façon qu'il ne perdrait aucune des qualités de l'âme lisse, serait un grand progrès pour l'artillerie. On devrait se servir avec de pareils canons de gros projectiles oblongs, lancés soit à grande soit à petite distance avec des petites vitesses relatives pour faire éclater les cuirasses, tandis que des pro-

jectiles massifs en acier ou des sphères de fer coulé.
des obus allongés à percussion tirés à grande vitesse produiraient un effet destructeur, en coupant
et en perçant les cuirasses, et en ravageant les
hommes, les canons et les machines qu'elles renferment.

Les batteries destinées à défendre les passes et
les ports devraient contenir quelques-uns des canons du plus fort calibre possible pour que la manœuvre en soit facile et prompte — il faudrait des
études préalables pour en indiquer le nombre. Les
petits calibres sont meilleurs pour atteindre aussi
vite que possible les parties vitales que renferment les
navires, quand des coups tirés à petites portée ont
démantelé les cuirasses; car ces petits calibres
supportent de plus fortes charges relatives et four-
nissent en sûreté des vitesses supérieures.

ATTAQUE DU FORT FISHER.

RAPPORT OFFICIEL DU CONTRE-AMIRAL PORTER.

Escadre du nord de l'Atlantique, à bord du *Malvern*, flagship des États-Unis, au large de New-Inlet (Caroline du sud), 26 décembre 1864.

Monsieur, j'avais l'espoir d'être en mesure de présenter à la Nation, comme cadeau de Noël, le fort Fisher et les ouvrages qui l'entourent ; je suis désolé de vous dire qu'il n'est pas encore pris.

Je l'ai attaqué le 24 courant avec 33 bâtiments de guerre : *Ironsides, Canonicus, Mahopac, Monadnock, Minnesota, Colorado, Mohican, Tuscarora, Wabash, Susquehanna, Brooklin, Powhatan, Juniata, Seneca, Shenandoah, Pawtuxel, Ticonderoga, Machinan, Maumée, Yantic, Kansas, Ioco, Quaker-Cites, Mont-Cello, Rhode-Island, Sassacus, Chipperva, Osceala, Tacony, Pontoosac, Santiago de Cuba, Fort-Jackson* et *Vanderbilt*, ayant une réserve de 17 petits bâtiments qui comprenait les navires : *Ariel, Howquah, Wilderness, Cherokee, A. D. Vance, Anemone, Eolus, Gettysburg, Ala-*

bama, Keystone-State, Banshee, Emma, Lilian, Tristram-Shandy, Britannia, Governor-Buckingham et *Nansemond.*

Avant l'attaque on a préparé avec un grand soin une torpille monstre munie d'une grande quantité de poudre jugée suffisante pour faire sauter les magasins à poudre du fort ; elle a été mise sous le commandement du commander A. C. Rhind qui s'était associé pour son périlleux service le lieutenant S. W. Preston, le second aide-mécanicien A. T. E. Mullan, du steamer *Agawan* des États-Unis, et le compagnon master fonctionnaire Paul Boyden et sept hommes. On a tant dit et tant écrit au sujet des terribles effets de la poudre à canon, à propos d'une explosion qui a eu lieu dernièrement en Angleterre, qu'on attendait de grands résultats de ce nouveau mode de faire la guerre. On adopta tout ce dont le génie de l'homme peut s'aviser pour faire réussir l'expérience.

Le navire avait été amené de Norfolk avec un grand soin et sans accident à la remorque du steamer *Sassacus* des États-Unis, lieutenant-commander J. L. Davis qui a mis toute son attention à s'acquitter de sa mission, et, quoiqu'il ait éprouvé un peu de mavais temps, et qu'il ait perdu un de de ses gouvernails, il avait amené la torpille saine et sauve à Beaufort, où nous l'avons bourrée de poudre et perfectionné tout le mécanisme qui devait la faire sauter. Le général Butler était arrivé à ce rendez-vous avant nous et j'ai activé la besogne autant que je l'ai pu, afin qu'aucun délai ne me fût imputé à charge, à moins d'absolue nécessité.

Le 18, j'ai fait route de Beaufort avec tous les monitors New-Ironsides et les petits bâtiments y compris la *Louisiana*, déguisée en coureur de blocus, pour le rendez-vous situé à vingt milles à l'est de New-Inlet (Caroline du nord) et j'y ai trouvé rassemblés tous les grands bâtiments et les transports, par une petite brise de N.-E. Le 20, le vent se mit en bourrasque du S.-O. et ne pouvant pas continuer ma route, sans disperser tous les bâtiments je me décidai à mouiller au large, ce que j'ai fait sans accident d'aucune espèce, sauf la perte de quelques ancres. Les monitors et les autres bâtiments se comportaient parfaitement.

Il n'y eut que deux navires qui prirent le large pendant le coup de vent et ils ne s'en sont pas mieux trouvés que ceux qui étaient à l'ancre. Les transports étant à court d'eau sont entrés à Beaufort (Caroline du nord), et n'étaient pas en état de rester mouillés au large par un si mauvais temps.

Après avoir soufflé du sud-ouest, le vent sauta à l'ouest et nous donna une embellie que je ne pouvais pas laisser perdre ; les transports qui portaient les troupes ne paraissant pas, je me décidai à en profiter et à attaquer le fort Fisher et les ouvrages extérieurs.

Le 23, je donnai l'ordre au commander Rhind de s'avancer et de faire sauter le bâtiment juste sous le fort Fisher ; M. Bradford, de la surveillance des côtes, avait fait une reconnaissance à l'intérieur pendant la nuit, et s'était assuré que nous pouvions placer un navire tirant sept pieds d'eau juste à l'accore du banc. Le lieutenant R. H. Lamson, commandant le *Gettysburg*, s'offrit volontairement pour entrer avec le *Wilderness*, commandé par le master-fonctionnaire Henry Avery et pour touer la *Louisiana* en position ; il avait été occupé, pendant le coup de vent, à prendre soin de la *Louisiana* après qu'elle eut perdu les ancres, ainsi que le *Nansemond* qui la remorquait.

A 10 heures et demie du soir, la poudrière flottante appareilla pour entrer dans la barre et fut remorquée par le *Wilderness* jusqu'à ce qu'elle fût complètement en vue des embrasures du fort Fisher. Alors le *Wilderness* la quitta et la *Louisiana* s'avança sous vapeur à deux cents yards en dedans du banc et à quatre cents yards du fort.

Le commander Rhind l'amarra solidement en cet endroit et se mit froidement à l'œuvre pour prendre les dispositions pour la faire sauter. Il fut aidé dans ces dispositions par un coureur de blocus, qui était venu se mettre droit sur son avant, et auquel le fort faisait des signaux de même qu'à la *Louisiana*.

Nos braves, après avoir pris de sangfroid toutes leurs dispositions pour l'explosion, quittèrent le navire où la dernière chose qu'ils avaient faite avait été de mettre le feu sous la cabine. Alors se retirant dans leurs bateaux ils gagnèrent le *Wilderness* qui était mouillé dans le voisinage. Le *Wilderness* gagna le large avec une bonne vitesse afin d'éviter les mauvais effets qui auraient pu résulter de l'explosion. Le 24, à minuit quarante-cinq minutes, l'explosion eut lieu, et le choc fut loin d'être aussi sévère qu'on s'y attendait. Il ébranla un peu le navire et brisa une ou deux vitres, mais rien de plus.

Au point du jour du 24, la flotte se mit en route et entra en ligne de bataille. A 11 h. 30 m., j'ai fait hisser le signal d'engager le combat avec les forts. Le *Ironsides* ouvrait la marche et était suivi des cuirassés *Monadnock*, *Canonicus* et *Mahopac*. Le *Ironsides* prit son poste d'une fort jolie manière et en vrai matelot, se mit en travers, et ouvrit un feu déterminé sur le fort qui, de son côté, faisait feu sur lui de tous ses canons. Il n'y en avait pas beaucoup sur la face nord ; nous n'avons pu en constater que dix-sept. Quatre ou cinq seulement étaient dirigés de notre côté, et ils furent obligés de se taire presque aussitôt que le *Ironsides* eut ouvert le feu de sa terrible batterie.

Le *Minnesota* prit alors son poste avec une rare élégance, et, après avoir assuré leur portée, ses canons firent un feu précipité, tandis que le *Mohican*, le *Colorado* et les grands navires indiqués sur le plan gagnaient leur poste l'un après l'autre, en se couvrant de feux pour prendre leur mouillage. Pendant que les derniers des grands bâtiments mouillaient et faisaient jouer leurs batteries, il n'y eut qu'un ou deux canons de l'ennemi qui ripostaient. Devant *ce feu d'enfer*, tout le monde s'était retiré dans les casemates.

Les petites canonnières *Kansas*, *Unadilla*, *Pequot*, *Seneca*, *Pontoosac*, *Yantic* et *Huron* prirent position au nord et à l'est des monitors et prirent les ouvrages en enfilade.

Le *Shenandoah*, le *Ticonderoga*, le *Mackinaw*, le *Tacony* et le *Vanderbilt* prirent des positions efficaces comme on les a marquées sur la carte et ajoutèrent leur feu à celui qui était déjà commencé.

Le *Santiago-de-Cuba*, le *Fort-Jackson*, l'*Osceola*, le *Chippewa*, le *Sassacus*, le *Rhode-Island*, le *Monticello*, le *Quaker-City* et l'*Iosco* vinrent prendre leur poste suivant l'ordre donné et la bataille devint générale. 1 h. 15 m. après qu'on avait tiré le premier coup, le fort ne lançait pas un seul boulet. Nos obus avaient fait sauter deux magasins et le fort brûlait en plusieurs endroits; un si grand torrent de projectiles tombait sur le fort et éclatait au-dessus, qu'il était impossible à un être humain d'y rester. Trouvant que les batteries étaient réduites à un silence complet, j'ordonnai aux navires de modérer leurs feux dans l'espoir d'attirer l'attention des transports et de les faire entrer. Au coucher du soleil, le général Butler entra sur son flagship, amenant avec lui quelques transports; le reste n'était pas encore arrivé de Beaufort.

Comme il était trop tard pour faire une nouvelle entreprise, je fis le signal à la flotte de se retirer dans un mouillage sûr pendant la nuit. Le mouvement s'opéra sans être inquiété par l'ennemi.

Il y avait eu quelques méprises pendant la journée, quand les navires étaient venus prendre leur position. Mon plan de bataille était basé sur des calculs exacts et fait d'après des renseignements sur lesquels on pouvait compter, il avait été remis entre les mains de chaque commandant et il semblait impossible de se tromper en le suivant avec soin.

J'avais commandé aux navires qui ne l'auraient pas suivi à la lettre de se mettre en dehors de la route et de reprendre la position qui leur avait été assignée, ce qui a été fait promptement et sans confusion. Les bâtiments avaient été placés un peu près des ouvrages pour pouvoir jeter leurs obus sans risque de les voir tomber dans l'eau.

Un ou deux bâtiments chefs de file, ayant commis la faute de mouiller trop au large, furent cause que ceux qui les suivaient tombèrent dans la même erreur; mais, quand ils furent tous à leur poste et qu'ils commencèrent leur besogne, la pluie d'obus qui tombait, à raison de 115 par minute, fut irrésistible. Les canons de l'ennemi furent si vite réduits au silence, qu'il n'y eut pas un officier ou un homme de blessé. Je regrette cependant d'avoir à mentionner quelques accidents malheureux par suite de l'explosion du canon Parrott de cent livres.

Il y en eut un qui éclata à bord du *Ticonderoga*, en tuant six hommes de l'équipage et en blessant sept autres. Un autre canon éclata à bord du *Yantic*, en tuant un officier et deux hommes. Un autre éclata à bord de la *Juniata*, tua deux officiers, blessa et tua dix hommes. Un autre a tué un officier et blessé cinq hommes à bord du *Mackinaw*. Un autre, à bord du *Quaker-City*, a blessé, je crois, deux ou trois hommes. Un canon du *Susquehanna* a tué et blessé sept hommes, je pense.

L'explosion de six canons en tout a beaucoup déconcerté les équipages des bâtiments au moment de l'accident et a donné à tout le monde une grande défiance des canons de cent de Parrott. Ils étaient impropres au service (l'événement l'a prouvé), et calculés pour tuer plutôt nos hommes que ceux de l'ennemi.

Quelques bâtiments ont été atteints une ou deux fois par les boulets ennemis. Le *Mackinaw* a eu sa chaudière traversée par un obus et dix ou douze personnes ont été échaudées d'une manière piteuse.

L'*Osceola* a été frappé par un obus près de sa soute à poudre, et mis en demeure de couler, mais les efforts du commandant ont arrêté la voie d'eau, pendant que le *Mackinaw* combattait encore hors de la ligne de bataille, malgré l'avarie qu'il avait reçue. Le *Yantic* est le seul bâtiment qui ait quitté la ligne pour réparer ses avaries.

Le commander John Quest, à l'extrémité est de la ligne, a montré son intelligence ordinaire en choisissant la position et dirigeant à propos le feu de son navire. Deux fois ses canons ont coupé le mât de pavillon de la *Mound-Battery* et il a fait taire en peu de temps les canons qui s'y trouvaient. Le *Keystone-State* et le *Quaker-City* l'ont aidé d'une manière efficace.

Le lieutenant-commander J. R. Davis, ayant ses deux gourvernails désemparés, a engagé son bâtiment le *Sassacus* de fort près et a aidé matériellement à faire taire les ouvrages ; le *Santiago-de-Cuba* et le *Fort-Jackson* ont pris position comme ils l'ont pu (parce que d'autres bâtiments n'étaient pas à leur pose et les avaient empêché de prendre le leur) et leurs canons ont bien tiré. La prise d'une nouvelle position par le *Brooklyn* et le *Colorado,* sans interrompre leur feu, a été un spectacle magnifique, et, quand ils ont été en place, les deux bâtiments ont fait un feu auquel rien ne pouvait résister.

Le *Brooklyn* a bien soutenu sa fière renommée, sous son commandant actuel le capitaine James Alden, et le *Colorado* a démontré que son commandant, le commodore H. K. Thatcher, comprenait parfaitement les devoirs de sa position. Le *Susquehannah* a fait un feu très-efficace et a été assez heureux pour rectifier sa position, bien qu'il ait été fort gêné par le navire qui était proche de lui et qui n'était pas tout à fait à sa place.

Le *Mohican* est venu bravement au combat et a fait un feu rapide et efficace. Quand le *Powhattan,* le *Ticonderoga* et le *Shenandoah* sont arrivés dans la ligne, ils ont fait un bon service. Le *Pawtuxet* est tombé fort joliment dans la ligne et a fait un bon service avec les autres ; le *Vanderbilt* a pris son poste près du *Minnesota* et a fait un feu splendide. Le tir des monitors était excellent, et quand leurs obus éclataient, ils occasionnaient un grand dommage à l'ennemi ; les petites canonnières qui les

couvraient ont maintenu un feu suffisant pour dé-
concerter le pointage de l'ennemi.

Les rebelles n'ont plus tiré quand tous les bâtiments ont eu ouvert leur feu, sauf quelques coups
de la batterie avancée et de la batterie supérieure
que le *Iosco* et ses camarades ont bientôt fait taire.

Nos hommes avaient servi les pièces pendant
cinq heures et avaient besoin de prendre un peu de
repos. Ils ont quitté le combat avec un mépris
redoublé pour les batteries des rebelles, désirant
pouvoir renouveler le combat dans la matinée.

Le 25, jour de Noël, tous les transports étant
arrivés, le général Butler envoya le général Weitzel
pour me voir et pour concerter le programme de
la journée. Il fut décidé que nous attaquerions de
nouveau les forts, pendant que l'armée débarque-
rait et leur donnerait l'assaut, s'il était possible,
sous notre feu redoublé.

J'envoyai dix-sept canonnières, sous le commandement du capitaine O.-S. Glisson, afin de couvrir
les troupes pendant leur débarquement et de leur
donner leurs canots pour débarquer les soldats.
Trouvant que les petits bâtiments se tenaient trop
loin du rivage qui était tout à fait accore, j'envoyai
le *Brooklyn* se mouiller en dedans pour leur donner

un exemple de ce que chaque commandant aurait pu faire, d'après les instructions que je lui avais données sur les sondes. Les petits bâtiments qui étaient le long de la côte furent joints à ceux que j'avais déjà envoyés. Finalement, j'envoyai huit ou neuf navires sous le commander Guest, pour tâcher de trouver une passe à travers la barre. Cela faisait une centaine de petites embarcations pour débarquer les troupes. Outre cela, l'armée en avait déjà vingt environ.

Le 25, à 7 heures du matin, je fis le signal d'appareiller en se formant en ligne de bataille, ce qui fut bientôt fait. L'ordre d'attaquer fut donné, et l'*Ironsides* prit son poste avec son élégance habituelle ; les monitors le suivirent de près. Tous les bâtiments vinrent ensuite suivant leur rang et prirent leur poste, sans qu'on ait tiré sur eux un seul coup de canon, sauf les quatre derniers navires qui vinrent se mettre en ligne et sur lesquels on tira quelques boulets.

Notre tir fut peu actif pendant cette journée, n'étant destiné qu'à amuser l'ennemi, pendant que l'armée opérait son débarquement cinq mille à l'est de la flotte.

Je suppose qu'on avait déjà mis à terre trois

mille hommes, quand j'ai été informé qu'ils se rembarquaient.

Je pouvais voir nos soldats en reconnaissance et tiraillant près des forts, et j'espérais que l'assaut serait jugé praticable.

Le général Weitzel en personne était en observation à 600 yards au large, et les troupes étaient dans les ouvrages et autour. Un brave officier, dont je ne sais pas le nom, vint sur le parapet et emporta le pavillon rebelle que nous avions abattu. Un soldat pénétra dans l'intérieur des ouvrages et en fit sortir un cheval après avoir tué l'ordonnance qui le montait et pris les dépêches. Un autre soldat tira un coup de fusil sur les rebelles dans leur casemate, et huit ou dix autres qui s'étaient aventurés près des forts furent blessés par nos obus.

Comme le service des munitions employait les navires éloignés de l'action, il fut ordonné aux navires cuirassés, au *Minnesota*, au *Colorado* et au *Susquehanna* de faire un feu rapide, ce qui fut effectué avec tant d'efficacité qu'on aurait dit que le fort allait voler en pièces. Nous nous retirâmes au coucher du soleil, laissant les cuirassés continuer leur feu pendant toute la nuit, espérant que les troupes attaqueraient dans la matinée, quand nous

scrions revenus en ligne. J'adressai un mot du général Weitzel que l'assaut était impraticable. Vous
trouvez ci-inclus une lettre du général Butler faisant connaître ses raisons de retirer les troupes.
J'y ai joint ma réponse.

Dans le bombardement du 25, les navires ont
tiré lentement pendant sept heures. Les rebelles
ont conservé un couple de canons sur la batterie
du haut d'où ils faisaient feu sur les navires, les
frappant de temps en temps sans leur faire grand
dommage. Le *Wabash* et le *Powhatan* qui étaient
à leur portée paraissaient être l'objet de leur pointage ; ils auraient voulu les désemparer, mais un
feu précipité en eut bientôt raison. Tout s'est fait
de sang-froid et avec méthode pendant cette journée, et j'ai été témoin d'un exercice magnifique,

L'armée commença à débarquer vers deux heures,
le capitaine Glisson à bord du *Santiago-de-Cuba*,
ayant tiré à obus sur la batterie Flag-Pond pour
protéger le débarquement ; elle s'est rembarquée
vers cinq heures, le temps s'était chargé et devenu
pluvieux. Une brigade a été laissée sur le rivage
pendant la nuit sous la protection des canonnières.
Quand nos soldats ont débarqué, soixante-cinq soldats rebelles ont hissé le drapeau blanc et se sont

livrés eux-mêmes ; ils ont été pris par les marins employés au débarquement des troupes et conduits sur le *Santiago-de-Cuba*. Deux cent dix-huit se sont livrés aux troupes envoyées à la découverte. Tous désiraient quitter la guerre.

Je n'ai pas la prétention d'opposer mon opinion à celle du général Weitzel, qui est un soldat excellent et un ingénieur capable, et doit s'entendre mieux que moi à donner un assaut ; je ne puis m'empêcher de penser que c'était le moment de le tenter après être venu de si loin.

Vers midi, j'envoyai un détachement à double fin, sous le commandement de John Guest, pour voir si je pourrais entrer dans la passe. Le grand nombre d'épaves qui existe sur le banc et dans son voisinage, l'a complètement changée de place, et nous avons trouvé un banc où était le chenal auparavant.

J'ai envoyé le lieutenant W. B. Cushing pour sonder et baliser le chenal, s'il pouvait en trouver un, avec ordre au commandant Guest de draguer les torpilles et d'être prêt à entrer en suivant les bouées que j'avais ordonné de placer.

Une embarcation appartenant au *Tacony*, a été coulée par un boulet et un homme a eu la jambe coupée. Ils étaient encore occupés à leur besogne, quand on leur a ordonné de se retirer pour faire autre chose. Comme conclusion, permettez-moi. monsieur, d'appeler votre attention sur le commander Rhing et le lieutenant Preston. Ils ont été engagés dans l'aventure la plus périlleuse peut-être qui ait jamais été entreprise, et quoique l'explosion n'ait pas donné les résultats matériels auxquels nous nous attendions. toujours est-il que ce n'a pas été leur faute.

Je vous demande la permission de les recommander pour l'avancement afin de donner de l'émulation aux autres; je vous recommande aussi le lieutenant R. H. Lamson qui les a pilotés en dedans et les a ensuite conduits au large. Personne sur l'escadre ne pensait qu'ils pussent s'en tirer la vie sauve, et le capitaine Rhind et le lieutenant Preston avaient fait le projet de se sacrifier si leur bâtiment avait été abordé, ce qui pouvait très-bien arriver.

Je vous envoie ci-joint le rapport du commander Rhind avec les noms des braves qui se sont offerts volontairement pour ce service désespéré. Permettez-moi de vous citer aussi le nom de M. Bradford, de la surveillance de la côte. qui est allé sonder dans l'endroit où la *Louisiana* devait être conduite, et a toujours rempli avec patience tous les devoirs que je lui ai donnés.

Je dois mes remerciements au lieutenant-commander K. R. Breese, capitaine de flotte, pour avoir porté mes ordres à la flotte pendant l'action et pour les services généraux qu'il a rendus ; au lieutenant-commander H. A. Adam pour sa promptitude à fournir les munitions à la flotte. Le lieutenant M. W. Sanders, officier des signaux, s'en est occupé pendant toute la durée de l'action et a bien fait son devoir. Mes aides-de-camp, le lieutenant S. W. Terry et le lieutenant E. W. Preston, m'ont prêté un concours salutaire.

Je n'ai pas encore reçu la liste des accidents du combat ; mais je pense qu'il y en a eu très-peu par les canons de l'ennemi. Nous avons eu environ quarante-cinq personnes tuées et blessées par l'explosion des canons Parrott.

Je ne dois pas omettre de payer un tribut d'éloges aux officiers et aux équipages des monitors, qui ont mouillé de gros temps sur une côte ouverte, sans murmurer et sans se plaindre du manque de confortable, ce qui aurait pu être très-sérieux. Ils ont montré une fermeté et une persévérance rares.

Également braves dans le combat, ils se sont battus de près et l'effet de leurs obus a été terrifiant.

Voici les noms des commanders que je désire toujours garder sous mon commandement :

Le commander E. G. Parrott, commandant le *Monadnock;* le commander E. R. Calhoun, commandant le *Sassagus;* le lieut.-commander George E. Belknay, commandant le *Canonicus;* le lieut.-commander E. E. Pottes, commandant le *Mahopac.*

Il y a environ mille hommes de l'armée qui sont restés à terre et qu'on n'a pu embarquer à cause du ressac. On ira les chercher dans la matinée, et alors on renverra les soldats chez eux.

Je vous envoie aussi l'ordre général de l'attaque.

Je suis, monsieur, avec un profond respect, votre obéissant serviteur.

DAVID D. PORTER,
contre-amiral.

A l'honorable Gideon W *illes, secrétaire de la marine.*

LETTRE DU GÉNÉRAL BUTLER A L'AMIRAL PORTER.

Au quartier général de la Virginie et de la Caroline du Nord,
25 décembre 1864.

Amiral, — après avoir débarqué les troupes et fait une reconnaissance à fond du fort Fisher, le général Weitzel et moi sommes tombés d'accord pour penser que la place ne peut être prise d'assaut, attendu que le feu de la marine ne lui a fait aucun mal essentiel, en tant qu'ouvrage défensif. Nous avons trouvé dix-sept canons dont deux seulement avaient été démontés, battant la plage et couvrant une langue de terre, le seul chemin praticable *pour l'assaut*, et qui n'était pas assez large pour mettre mille hommes en ligne de bataille.

Nous étant emparés de la batterie de la colline de Flag-Pond, sa garnison composée de 65 hommes et de 2 officiers commissionnés a été faite prisonnière. Grâce à la marine, nous avons aussi pris la batterie de la Demi-Lune avec 7 officiers et 218 hommes du 3ᵉ, jeunes réserves de la Caroline du Nord, y compris leur commandant par lequel j'ai su qu'une portion de la division de

Hoke, composée des brigades Kirkland et Haygood, avaient été expédiées des lignes de défense devant Richmond mardi dernier, et qu'elles étaient arrivées à Wilmengton vendredi pendant la nuit.

Le général Weitzel a approché sa ligne d'escarmouche à moins de cinquante yards du fort, pendant que la garnison était maintenue dans ses casemates par le feu de la marine ; trois ou quatre de nos avant-coureurs se sont aventurés sur le parapet par la porte de sortie de l'ouvrage, ils ont pris un cheval qu'ils ont emmené après avoir tué son ordonnance qui portait une dépêche du chef de l'artillerie au général Whiting pour se faire amener une batterie légère dans le fort. Ils ont aussi emporté le pavillon du fort qui était sur le parapet.

Cela s'est fait pendant que les obus de la marine tombaient sur la tête des hommes audacieux qui avaient pénétré dans l'ouvrage, et il était évident qu'aussitôt que le feu de la marine cesserait à cause de l'obscurité, le fort serait complètement réarmé et qu'il tirerait à mitraille sur notre ligne d'éclaireurs.

Trouvant qu'il n'y avait que les opérations d'un siége régulier qui fussent en état de réduire le fort, comme elles n'étaient pas dans mes instructions, à l'aspect du temps menaçant et du vent du sud-ouest qui se levait, le ressac rendant impossible de continuer le débarquement, j'ai fait réembarquer les troupes avec les prisonniers, car je voyais que les forces de terre n'avaient plus rien à faire.

Je ferai donc voile pour Hampton-Roads, aussitôt que la flotte des transports pourra se mettre en route.

Le rapport de mes ingénieurs et de mes officiers m'informe que le fort Fisher n'a aucune avarie essentielle, comme ouvrage de défense.

J'ai l'honneur d'être, avec un profond respect,

Votre obéissant serviteur,

BENJAMIN-F. BUTLER,

Major-général, commandant.

Au contre-amiral Porter, commandant l'escadre de blocus du nord de l'Atlantique.

RÉPONSE DE L'AMIRAL PORTER.

Escadre du nord de l'Atlantique, flagship Malvern des Etats-Unis,
Au large de New-Inlet, 26 décembre 1864.

Général, — permettez-moi de vous accuser réception de votre lettre d'aujourd'hui, dont le général Weitzel m'avait communiqué la substance la nuit dernière. J'ai donné l'ordre aux grands bâtiments de retourner à Beaufort et de se charger de munitions, afin d'être prêt à une autre attaque, en cas qu'il soit décidé que nous continuerons nos opérations en prenant d'autres dispositions.

Nous n'avons pas encore fait de feu précipité, et nous pourrions empêcher les rebelles qui se sont renfermés dans le fort de montrer la tête, jusqu'à ce qu'une colonne d'assaut soit à vingt yards des ouvrages.

Je désire qu'il y ait plus de braves à suivre l'officier qui a enlevé le pavillon du parapet, et le brave militaire qui a emmené le cheval du fort. Je pense qu'ils auraient trouvé la conquête plus facile qu'on ne le suppose.

Je ne prétends pas cependant me mettre en opposition avec le général Weitzel, que je tiens pour un soldat et un ingénieur accompli et dont l'opinion a un grand poids pour moi.

Je veillerai à ce que les troupes soient toutes reconduites en sûreté. Nous avons à présent le vent d'ouest et la plage sera belle à trois heures, quand on aura envoyé assez d'embarcations pour le monde.

Les prisonniers qui sont à bord du *Santiago-de-Cuba* seront livrés au prévôt-maréchal dans la forteresse de Monroel, à moins que vous ne désiriez les prendre à bord d'un des transports, ce à quoi il y aurait de l'inconvénient.

Je demeure avec respect, général, votre obéissant serviteur,

DAVID D. PORTER,
Contre-amiral.

Au major-général B.-F. Butler, commandant, etc.

————

OFFICIERS ET HOMMES DE LA POUDRIÈRE LA LOUISIANA.

Le commander A.-C. Rhind finit son rapport en donnant les noms des officiers et des hommes qui armaient le bateau à poudres :

Commander, A.-C. Rhind.

Lieutenant, A.-W. Preston.

Second aide-mécanicien, A.-T.-R. Mullan.

Compagnon Master, Paul Boyden.

Patron de la chaloupe, Frank Lucas.

Capitaine du gaillard d'avant, W. Garvin.

Compagnon canonnier, Charles-J. Bibber.

Quartier-maître canonnier, John Neil.

Capitaine de la garde de l'arr⁰, R. Montgomery.

Matelot, Jame Robert.

    Id.   Charles Hawkin.

    Id.   Dennis Conian.

Matelot ordinaire, James Sullivan.

Chauffeur de seconde classe, W. Hunigun.

Arrimeur de charbon (soutier), Charles Bice.

Tout l'équipage se composait de volontaires de mon navire l'*Agawan*. On ne peut avoir plus de zèle, de patience et de persévérance que n'en ont montré les officiers et les hommes, et je pense qu'aucun officier n'aurait pu mieux faire. Nous devons au lieutenant Lamson, à M. Bradford, aux officiers et aux hommes du *Wilderness* d'avoir pu nous échaper et nous en avons reçu toute espèce de service depuis notre départ de Norfolk. Le bâtiment a été remorqué à la baie de Wilmington par le *Sassacus*, lieutenant-commander J.-L. Davis qui nous a aidé de tout cœur. Le *Tacony*, lieutenant-commander Truxton, nous a envoyé un équipage de renfort après le coup de vent. Les deux bâtiments nous ont donné une embarcation.

ORDRE POUR L'ATTAQUE DU FORT FISHER.

Escadre du Nord de l'Atlantique, flaghip *Malvern* des Etats-Unis.

Hampton-Roads, 10 décembre 1864.

Ordre général n° 70.

Le plan d'attaque projeté contre les batteries ennemies à New-Inlet, à l'embouchure du fleuve Cap Fear, est expliqué dans l'ordre aux navires de la flotte, afin qu'ils aient à prendre les positions suivantes :

On veut en premier lieu tâcher de paralyser la garnison par une explosion, tous les bâtiments se tenant à 12 milles en dehors de la barre et les troupes embarquées sur les transports à 12 milles en bas de la côte prêtes à faire vapeur pour remonter, et se tenant prêtes à prendre d'assaut les ouvrages, en cas que l'explosion les ait désemparés.

Au signal qui en sera fait, tous les bâtiments de la barre courront à 12 milles au large, lorsque la poudrière ira se mettre sous les forts. Aussitôt l'explosion, tous les bâtiments courront sur la terre pour prendre les postes désignés sur les plans.

Le *New-Ironsides* fera vapeur en longeant le rivage, venant de l'est jusqu'à ce qu'il relève le mât de pavillon du fort Fisher au S. O. $\frac{1}{4}$ O. et mouillera (prêt à filer sa chaîne) en présentant sa batterie latérale dirigée sur les plus forts ouvrages de l'ennemi, et ouvrant le feu immédiatement. Les monitors viendront en serre-file et mouilleront sans s'écarter plus d'une longueur l'un de l'autre, sur une ligne qui prolongera le rivage, et en laissant seulement l'intervalle d'une canonnière, qui mouillera en dehors d'eux et tirera dans les créneaux qu'ils auront laissés entr'eux et au-dessus d'eux. Le *New-Ironsides* et les monitors ne mouilleront pas par moins de trois brasses et demie d'eau, ce qui les mettra à environ trois quarts de mille du fort Fisher et à un peu plus d'un quart de mille de la plage.

Au même moment les grands bâtiments mouilleront en se formant en ligne de bataille, dans l'est des navires cuirassés, ayant le cap parrallèle à la terre dans une direction de S. 1/2 O. par cinq brasses d'eau.

Aussitôt le signal de prendre position le *Min-*

nesota qui doit être le plus en arrière s'avancera lentement et mouillera à environ un mille du fort Fisher, ouvrant son feu au moment où il dépassera le *New-Ironsiders* et mouillant de telle sorte que son canon de l'arrière puisse tirer en rasant ce bâtiment en dehors de sa ligne de tir, le *Mohican* mouillera alors sur l'avant du *Minnesota*, le *Colorado* sur l'avant du *Mohican*, le *Tuscorora* sur l'avant du *Colorado*, le *Wabast* sur l'avant du *Tuscorora*, le *Susquehanna* sur l'avant du *Wabaht*, le *Brooklyn* sur l'avant du *Susquehanna*, le *Powhattan* sur l'avant du *Brooklyn*, la *Juniata* sur l'avant du *Powhattan*, ayant tous leur cable prêt à filer et pas plus de quinze brasses de chaîne hors le maillon en dedans de l'écubier.

Le *Seneca*, le *Shenandoah*, le *Pawluxet*, le *Ticonderoga*, le *Mackinaw*, le *Maumée*, le *Yantic* et le *Kansas* prendront position entre les différents navires désignés sur le plan et en dehors, et mouilleront avec leur cable prêt à filer.

Quand les grands bâtiments et les navires intermédiaires auront pris et rectifié leur position, le *Nyach*, l'*Unadilla*, le *Huron* et le *Pequot* prendront place entre les monitors et en dehors, dans les endroits marqués sur le plan, et feront un feu précipité pendant que les monitors seront occupés à charger.

Les bâtiments suivants prendront leurs positions comme elles sont marquées sur le plan :

Commençant par le *Fort-Jackson*, ce navire mouillera sur l'avant de *Juniata*, et laissera entre les deux un espace de trois longueurs, le *Santiago-de-Cuba*, le *Tacony*, l'*Osceola*, le *Chippewa*, le *Sassacus*, le *Marantanza*, le *Rhode-Island*, le *Monticello*, le *Mount-Vernon*, le *Montgomery*, le *R. R. Cuyler*, le *Quaker-City* et l'*Iosco*, passeront à petite vitesse dans le créneau, jusqu'à ce qu'il aient formé la ligne marquée sur le plan.

Les réserves de chaque division formeront une ligne (*voir le plan*) hors de portée de canon, prêtes à agir en cas de besoin.

Tel est le principal plan de la bataille.

Les circonstances peuvent exiger qu'on s'en écarte un peu ; ainsi, pour une attaque partielle (avant de se mettre sérieusement à l'œuvre) pour tâter la force de l'ennemi, tout serait réglé par des signaux ou des ordres particuliers. Il faudra beaucoup d'attention et de sangfroid pour mettre les navires juste à leur place, et si ceux qui seront à portée les premiers commençaient mal à propos et

trop.tôt leur feu, ils pourraient mettre de la confusion.

Comme nous sommes peu renseignés sur le calibre et le nombre des canons des rebelles, les bâtiments concentreront leur feux sur les plus fortes
batteries ; mais il faudra établir la distance avant
de faire le tir précipité. Par exemple, les grands
bâtiments et les navires cuirassés concentreront
leur tir sur le fort Fisher, tandis que le *Vanderbelt*,
le *Fort-Jackson* et les bâtiments en ligne avec le
Fort-Jackson ouvriront leur feu sur les ouvrages
intérieurs, qu'ils pourront battre entre le fort Fisher et le Mound.

Tous les navires de la réserve se prépareront à
attaquer la batterie de Zekes-Island, en prenant
une position où ils puissent l'enfiler, ce qui a lieu
quand le fort est relevé au nord-ouest. Les bâtiments tirant quatorze pieds d'eau peuvent s'appro-
cher en toute sûreté à un mille trois quarts, et se
servir de leurs canons rayés d'une manière efficace.
Ils peuvent aussi battre les forts de *Federal-Point*
et les empêcher de diriger avec précision leur feu
sur toute autre portion de la flotte qui s'approche-
rait plus près.

On enverra les ordres dans un *tug* pour faire tous

les mouvements des différentes lignes, parce que la fumée empêcherait de voir les signaux.

Comme il est désirable de ne pas faire de mouvements inutiles, chaque commandant sera muni d'un plan. Le sujet sera discuté à fond et les points seront tirés au clair dans une réunion générale des commandants.

Les bâtiments en détresse, qui trouveraient nécessaire de se retirer de la bataille feront route par le sud-est, à l'exception des chefs de file *Iosco, Quaker-City, R. R. Cuyler, etc.*, qui auront plus aisé de sortir par le S. O. $^1/_2$ S., jusqu'à ce qu'ils aient doublé un banc de huit pieds à basse mer, qui est placé en dehors d'eux.

Il est désirable que les bâtiments de l'escadre ne se montrent pas à l'ennemi avant le moment d'agir; ils se tiendront au large à environ vingt-cinq milles et assez loin pour ne pas être vus, relevant New-Inlet à l'ouest, par environ 33°56' de latitude nord, et 77°20' de longitude ouest, lieu de rendez-vous.

Les commandants de division rassembleront les bâtiments de leur division, les mettront en ligne et tiendront chaque division assez éloignée l'une de l'autre pour que les navires ne se mêlent pas pendant la manœuvre. Quand le signal de se former en ligne de bataille sera fait ou donné (par le *tug*), chaque navire prendra son poste dans la ligne, selon la place marquée sur la carte : la première division se formant la première, et les autres venant l'une après l'autre tomber à leur poste, en ordre.

Comme on n'aura besoin que d'une vapeur à basse pression, les bâtiments qui pourront marcher et manœuvrer commodément avec la moitié de leur chaudière, ne mettront en feu que d'un seul côté, en gardant les chaudières pleines d'eau du côté de l'ennemi, et sans vapeur, l'eau chaude seulement et prête à faire vapeur en cas de nécessité.

Il est désirable que le feu soit long et déterminé; il y aura toujours assez de fumée. Il ne servirait de rien ou de très-peu de chose d'avoir un feu précipité et confus. J'espère qu'aucun boulet ne sera perdu.

DAVID D. PORTER, contre-amiral.

Commandant l'escadre du nord de l'Atlantique.

PRÉDÉCESSEURS DE FARRAGUT.

———

> Louange immortelle à Farragut, le plus
> hardi marin qui ait foulé le pont d'un vais-
> seau ; c'est un héros, un homme de mer,
> un homme !

Sans exagération et sans flatterie on peut affirmer avec calme et conscience qu'il est impossible
de disconvenir que les perfections de l'amiral Farragut ne soient sans pareilles et sans exemple.

On ne peut faire remonter beaucoup au-delà du
dix-septième siècle l'histoire militaire et navale
proprement dite. Avant cette époque il s'est pré-
senté peu d'exemples dignes d'être cités aujour-
d'hui que l'invention de la poudre a été dévelop-
pée : tant que l'artillerie n'a pas été rendue mobile
et portative, les combats n'étaient guère en général
qu'une exhibition de passions et d'instincts barba-
res mis en jeu, avec des éclairs de génie de temps
à autre.

I. Le premier exemple notable qu'on se rappelle d'une flotte armée de canons, qui ait tenté de forcer un chenal bordé d'artillerie avec des fortifications modernes pour secourir une place assiégée, est celui de *Louis de Boisot*, amiral de Zélande. Ce prodige de valeur aventureuse a été entrepris le 25 mai 1576, afin de franchir le gantelet de batteries espagnoles, avec pontons, chaînes, estacades, digues submergées, et jetées de pierre coulées, dans l'espoir de reprendre Zeericksée serrée de près par les Espagnols. Le labyrinthe du chenal, la force de la marée, le peu de profondeur du port, et divers obstacles artificiels donnaient à cette audacieuse entreprise, une grande analogie avec l'attaque désespérée de la flotte anglaise à l'embouchure du Peï-Ho, dont on a connu la malheureuse issue. Boisot fit des prodiges de manœuvre et de hardiesse avec son vaisseau le *Lion-Rouge*, mais il échoua dans son entreprise et y périt, laissant après lui la réputation d'avoir été « l'un des plus audacieux, parmi les premiers champions de la liberté de la Hollande, l'un des plus vaillants précurseurs de cette race de héros qui ont commandé les flottes hollandaises. »

II. L'expédition des Hollandais et des Anglais contre Cadix, en juin 1596, avait eu un commen-

cement brillant, et si l'on avait écouté John de
Duivenvorde, seigneur de Weermond (l'amiral hollandais), elle aurait fini aussi glorieusement l'opération qu'elle avait été commencée. Lord Howard
d'Effingham, l'amiral anglais, ne montra pas dans
cette occasion la même persévérance que quand il
combattait l'invincible Armada. Essex, qui montra
un grand courage, était de l'avis de Duivenvorde,
mais on ne tint pas compte de leurs conseils. Les
défenses du port furent emportées, la flotte espagnole détruite, la ville prise et pillée et le grand but
de l'expédition, qui était de détruire les préparatifs
et d'anéantir les ressources de Philippe III, pour
une prochaine campagne, fut atteint. Néanmoins
on aurait pu faire mieux, et l'expédition fut un
échec relatif parce que l'on ne mit pas la dernière main à ce qu'on aurait pu faire, et les Hollandais furent mécontents de ce qu'on n'avait pas
suivi leur plan qui aurait complété le succès de
cet exploit magnifique.

III. Le troisième exemple est celui de Peter
Van der Does, lorsqu'il prit Allagona dans la
Grand-Canarie, le 26 juin 1599. Il entra dans le
port, fit taire les forts et les batteries espagnols,
brûla ou prit les navires de guerre de l'ennemi, se

jeta lui-même à la mer à la tête de ses marins,
ayant de l'eau jusqu'à la ceinture, débarqua et emporta la citadelle, les fortifications et la ville, l'épée
à la main. La destinée de cet amiral hollandais
est remarquable ; c'était un homme très-obèse, et
il mourut parce que la chaleur fit fondre sa graisse
à l'île Saint-Thomas, sous l'Équateur, après avoir
pris la Cidade ou Pavoassan, capitale de l'île. Afin
d'empêcher que son tombeau ne fût violé quand
ils se seraient retirés, ses matelots l'ensevelirent
comme Alaric, ils entassèrent les ruines de la ville
sur son tombeau afin de cacher la place de sa sépulture.

Son étrange mausolée fut ainsi préservé de la pro-
fanation usitée contre la sépulture des héros éloignés, et on peut lui appliquer les lignes du poète :

> Mais pour toi, chef des braves !
> Tu n'as pas à craindre la commune destinée !
> Tu reposeras dans une royale solitude
> Où le pas d'un indiscret ne peut pénétrer !

IV. Le quatrième exemple de notre série glorieuse est la destruction totale de la flotte espagnole mouillée sous les canons des batteries et de
la forteresse de Gibraltar, le 25 avril 1607, par
James Van Heeniskerk, amiral de Hollande. Ce

grand homme de mer avait accompagné le fameux Barentz, qui pénétra et hiverna le premier au delà du cercle polaire arctique. Les Espagnols perdirent 2000 combattants sur 4000. Aucun de leurs magnifiques navires n'échappa. Heemskerk expira au milieu de sa victoire en disant aux siens : « Réparez la perte de votre capitaine en battant l'ennemi ! » Cette victoire glorieuse assurait l'indépendance de la Hollande protestante.

V. Le cinquième exemple est celui de l'amiral hollandais, Jacques l'Hermite, qui en 1625, avec 14 navires, pénétra pendant la nuit dans le Callao, port de Lima, en dépit de deux forteresses armées de 130 canons qui en défendaient l'entrée, sans compter d'autres batteries, et anéantit une magnifique flotte espagnole. Furieux de ne pas avoir saisi le trésor d'un galion qui était chargé entr'autres richesses de deux millions de pièces de 8 réaux (2,550,000 dollars), et qu'on avait sauvé, il fit route au nord, prit, pilla et brûla Guyaquil et retourna au Callao. Tombant une seconde une fois au milieu du port, il prit ou brûla une grande flotte dans laquelle se trouvait le navire qu'il n'avait pu enlever la première fois avec ses 2,550,000 dollars. C'est une leçon très-instructive, dit le *Chronicle* anglais, démontrant à tous les amiraux et officiers de marine combien la persévérance secondée par le devoir peut l'emporter sur l'ennemi le mieux préparé. Comme les trois amiraux précédents, l'Hermite périt sans que son pays ait eu l'occasion de l'honorer et de le récompenser. Il mourut en mer et fut enterré sur une petite île du Pacifique, qui paraît inconnue aujourd'hui. On l'appelle dans les récits de cette époque l'île de Lima.

VI. Le 8 et le 9 novembre 1658, Jacob, baron Van Wassenaar, seigneur d'Obdan, lieutenant amiral général, transféré comme le grand amiral anglais Blake du service de terre dans celui de la marine, et, chose bizarre ! exactement comme Blake, devenu de colonel de cavalerie commandant en chef de la marine hollandaise, força le Sund, en dépit des fortifications de chaque rive qui étaient remplies de vieilles troupes et armées de très-gros canons, à la manière d'aujourd'hui, et, dans la bataille hollandaise de la Baltique, défit le grand amiral suédois Wrangel et secourut Copenhague qui était à la dernière extrémité. C'est un exploit beaucoup plus glorieux que la bataille anglaise de la Baltique décrite par Campbell dans son ode magnifique chantée tant de fois aux applaudissements du peuple anglais. Martyr de la goutte, Obdan dirigeait le feu de sa chaise à bras, placée au pied du grand mât du vaisseau amiral des États-Unis du temps, l'*Union,* et au milieu du feu, du mal qui le torturait et des flammes qui enveloppaient en partie son navire, destiné par la suite à devenir son bûcher funéraire, au milieu du danger de couler, puisque sa cale avait 5 ou 6 pieds d'eau, il donna ses ordres de sang-froid et donna un exemple qui assura son triomphe glorieux. Obdan périt dans l'explosion de son vaisseau amiral à la bataille de Lowestoff, en 1665, en combattant en héros jusqu'à la fin. (C'était le même vaisseau qu'il avait monté en 1658.)

VII. Le sixième exemple est celui de Ruyter remontant la Tamise, le jour qu'il avait fixé à l'avance, 5 juin 1667. Il fit taire les forts et les fortifications, coula, brûla, fit sauter et défia les vaisseaux, les chaînes, les drômes, toutes les espèces de défense et d'obstacles qu'on avait pu imaginer pour lui résister. L'Anglais épouvanté en sortant de sa capitale, pouvait voir sur son plus grand fleuve, le majestueux Hollandais tout à fait chez lui, comme s'il eût été au mouillage dans un port de Hollande, prendre l'exercice de ses promenades quotidiennes sur le gaillard d'arrière, buvant sa bière, ou prenant son plaisir habituel qui était de donner à manger à ses poulets qu'il aimait à la folie et dont il se plaisait à avoir une quantité à bord. Le lieutenant amiral-général de Hollande, le Mars Neptunien, le Pape de l'Océan, comme tous ses prédécesseurs, comme Tromp le grand Sire père, lui-même des matelots hollandais, il tomba dans la bataille devant Syracuse, contre le protestant Duquesne, le plus grand amiral que la France ait jamais eu, et mourut sur son vaisseau amiral.

L'exploit de Ruyter remontant la Tamise, il y a deux cents ans, est peut-être celui qui approche le plus de celui de Farragut, remontant le Mississipi. Mais on ne saurait mettre en parallèle les dangers courus dans les deux circonstances.

VIII. La levée du siége de Londonderry, en juin 1689, fut sur une petite échelle une opération ordinaire à la manière de Farragut. Elle était fort bien concue et fut exécutée courageusement. On ne la cite que comme un terme de comparaison pour la résolution et la persévérance dont il fallut donner des preuves.

IX. La destruction de la flotte de Tourville à La Hogue, les 22 et 23 mai 1692, fut un exploit glorieux pour les marines combinées de l'Angleterre et de Hollande, sous Russell et Van Allemonde. En lisant le récit de Macaulay, il n'y a qu'un pauvre esprit qui ne sente pas battre son cœur, à la manière tout à fait supérieure dont les marins alliés ont accompli leur besogne. Et encore, la résistance offerte par la marine et l'armée françaises, si on la compare à celle que rencontrèrent Obdan, Ruyter, Nelson et d'autres personnages mentionnés dans cet article, était comme la résistance du fort Gaines à Mobile, comparée avec celle des forts Jackson et Philippe sur le Mississipi.

X. L'échec de l'amiral sir Peter Parker à Charleston (Caroline du Sud), le 28 juin 1776, quand il fut sérieusement repoussé et défait par le feu du fort Moultrie, amènerait les Anglais à comparer leurs amiraux beaucoup plus justement avec nos simples commodores qu'avec notre premier vice-amiral. Les chroniques anglais reconnaissent qu'ils furent repoussés avec une grande perte. Le 17 octobre 1777, leurs flottes ne réussirent pas mieux en tentant de forcer le passage de la Dalaware à Redbank, Mudford ou Manto-Creek. Dans ces occasions, l'avantage paraîtrait être resté du côté de la marine anglaise. Néanmoins ils furent si maltraités

qu'ils durent se trouver heureux de pouvoir gagne
le large en abandonnant leur entreprise.

XI. La victoire de Nelson à Aboukir ou la bataille du Nil, le 1ᵉʳ août 1798, le passage du Sund
si humiliant pour le Danemark, le 28 mars, et la
prise de la flotte danoise, le 2 avril 1801, sont des
exploits bien inférieurs à ceux que nous avons
rapportés des Hollandais, et qui ne peuvent se
comparer pour l'audace et le génie avec ce qu'a
fait notre vice-amiral Farragut à la Nouvelle-Orléans et à Mobile. La deuxième expédition britan-
nique contre Copenhague et la prise de la flotte
danoise par l'amiral Gambier et le général lord
Cathcart, le 7 septembre 1806, sont des entrepri-
ses navales beaucoup moins remarquables.

Le passage des Dardanelles par Duckeverth, le
19 février 1806, et la destruction de cinq vaisseaux turcs n'étaient que des jeux d'enfants auprès
des exploits que nous venons d'énumérer ; il en
est de même du bombardement d'Alger, le 27 août
1806 par l'Anglais Exmouth et le Hollandais Van-
der Capellen.

Parmi les grands amiraux qui se sont illustrés,
il n'y a qu'un seul homme qu'on puisse comparer
avec raison à notre Farragut. C'est le Hollandais

Ruyter. Nelson a essuyé des échecs dans plusieurs rencontres. Entre autres choses sa subordination aux vues et aux intérêts de la cour de Naples, sa liaison avec lady Hamilton, le meurtre judiciaire du brave Carraccioli sont des taches indélébiles pour sa renommée. D'un autre côté, Ruyter était un républicain né avec la noblesse du Christ. S'é-lançant du rang le plus humble de la société, il ne renia jamais son origine, et après s'être élevé au plus grand honneur et au premier grade de la marine de son pays, après avoir conquis l'amour et le respect de ses concitoyens, de toute l'Europe, et même des plus superbes monarques, il ne désira ni titres, ni honneurs, ni apanages ; content d'être ce qu'il était, le plus respectable des simples ci-toyens de la république des États-Unis des premiers jours et le plus grand des capitaines de mer. Sa vie avait été un modèle de simplicité évangéli-que comme sa mort fut un exemple de résignation chrétienne. Ses derniers moments ne furent pas troublés par la pensée aristocratique et toute mon-daine d'avoir un tombeau à Westminster. Il confia son corps battu par le temps et déchiré par les ba-tailles, à l'amour et à la reconnaissance de son pays, son âme à la miséricorde de son créateur,

et pendant sa longue agonie, il ne s'occupa qu'à
remplir son devoir et à se préparer pour un autre
monde, et. selon lui, pour un monde meilleur.

Army and Navy journal.

EXPLICATIONS DU CAPITAINE PARROTT

à l'Editeur de l'*Army and Navy journal.*

Monsieur, — voulez-vous me permettre de vous
dire au sujet des remarques publiées dans votre
dernier numéro sur les canons Parrott, que les ex-
plosions bien connues sur l'île Morris sont à peine
en rapport avec l'usage prolongé de nos canons, à
moins qu'on ne les considère comme devant être
attribuées à des circonstances purement acciden-
telles qui se présentent dans le service des canons
de marine, plutôt qu'à leurs défauts intrinsèques.

On a souvent demandé mon canon à boulet
forcé parce que d'autres que moi le tenaient en
grande estime. S'il y en a autant dans le service,
il faut l'attribuer à ce qu'ils ont généralement un
tir efficace, qu'ils coûtent très-bon marché, et que

j'ai fait tout mon possible pour satisfaire aux demandes.

Cependant les pièces de 30 et les calibres inférieurs, dont le mérite n'est mis en doute par personne, y figurent pour la plus grande partie.

Si ma croyance que la mise hors de service des gros canons a été généralement sinon toujours précédée par des avaries provenant de l'explosion accidentelle des obus chargés, s'est trouvée exacte, ce n'est pas à moi à le dire, mais je puis affirmer que la théorie qui explique l'explosion des canons forcés par celle préalable de leurs projectiles se trouve pleinement confirmée par les plus gros de mes canons.

Votre très-respectueux,

P. R. PARROTT.

Coldspring, 14 janvier 1865

Army and Navy journal.

9 782329 297392